1 MONTH OF FREE READING

at
www.ForgottenBooks.com

By purchasing this book you are eligible for one month membership to ForgottenBooks.com, giving you unlimited access to our entire collection of over 1,000,000 titles via our web site and mobile apps.

To claim your free month visit:
www.forgottenbooks.com/free977419

ISBN 978-0-260-85881-8
PIBN 10977419

¶A new interlude and a mery of the
nature of the .iiij. elementʒ declarynge many pro
per poyntʒ of phylofophy naturall/and of dyuers
ftraunge landys/and of dyuers ftraunge effectʒ &
caufis/whiche interlude yf ð hole matter be playdt
wyl conteyne the fpace of an hour and a halfe/ but
yf ye lyft ye may leue out muche of the fad mater
as the meffengers pte/and fome of naturys parte
and fome of experyens pte & yet the matter wyl de
pend conuenyently / and than it wyll not be paffe
thre quarters of an hour of length.

¶Here folow the namys of the pleyers.

¶The meffenger e/Nature naturate/Humanyte
Studyous defire/Senfuall appetyte/The tauer
ner / Experyence / yngnoraunce/Alfo yf ye lyft ye
may brynge in a dyfgyfynge.

¶Here folow dyuers matters whiche be in
this interlude conteynyd.

¶Of the fytuacyon of the .iiij. elementʒ that is to
fey the yerth the water the ayre and fyre/& of theyr
qualytefe and propertefe/and of the generacyon &
corrupcyõ of thyngʒ made of ð comyxton of them

¶ Of certeyn ʒclusions ꝑupynge ẏ the ẏerth must
nedẏ be roũde ⁊ ẏ it hengyth in ẏ myddẏ of the fyꝛ
mamēt /⁊ ẏ it is in circũferēce a boue. rrj. M. myle
¶ Of certeyn ʒclusions ꝑupynge that the see lyeth
rounde bppon the ẏerth.
¶ Of certeyne poyntẏ of cosmography / as how ⁊
where ẏ see coueryth ẏ ẏerth /⁊ of dyuers straũge
regyons ⁊ landys and whiche wey they lye /and of
the new founde landys and ẏ maner of ẏ people.

¶ Of the generacyon and cause of stone ⁊ metall
and of plantis and herbys.
¶ Of the generacyon and cause of well spꝛyngẏ ⁊
ryuers / and of the cause of hote fumys that come
out of the of ẏ ẏerth / and of ẏ cause of the bathys
of water in the ẏerth whiche be ꝑꝑetually hote.

¶ Of the cause of the ebbe and flode of the see
¶ Of the cause of rayne snowe and haple
¶ Of the cause of the wyndys and thonder
¶ Of the cause of the lyghtnynge of blasyng sterꝛ
rys and flamys fleynge in the ayꝛe

THabou[n]dant grace of the power deuyne
whiche doth illumyne y worlde inuyron
Preserue this audyence and cause them to inclyne
To charyte this is my petycyon
For by your pacyens and supportacyon
A lytyll interlude late made and preparyd
Before your presence here shall be declaryd
Whiche of a few conclusyons is contryuyd
And poyntys of phylosophy naturall
But though the matter be not so well declaryd
As a great clerke coude do nor so substancyall
yet the auctour hereof requiryth you all
Though he be yngnorant and can lytyll skyll
To regarde his only intent and good wyll
Whiche in his mynde hath oft tymes ponderyd
what nombre of bokys in our tonge maternall
Of toyes and tryfellys be made and impryntyd
And few of them of matter substancyall
For though many make bokys yet vnneth ye shall
In our englyshe tonge fynde any warkys
Of connynge that is regardyd by clerkys
The grekys the romayns with many other mo
In their moder tonge wrot warkys excellent
Than yf clerkys in this realme wolde take payn so

Consyderyng that our tonge is now suffycyent
To expoun any hard sentence euydeut
They myght yf they wolde in our englyshe tonge
wryte workys of grauyte somtyme amonge
¶For dyuers pregnaunt wytts be in this lande
As well of noble men as of meane estate
whiche nothynge but englyshe can vnderstande
Than yf connynge laten bokys were translate
In to englyshe / wel corręct and approbate
All subtell sciens in englyshe myght be lernyd
As well as other people in their owne tongs dyd
¶But now so it is that in our englyshe tonge
Many one there is that can but rede & wryte
For his pleasure wyll oft presume amonge
New bokys to compyle and balats to indyte
Some of loue or other matter not worth a myte
Some to opteyn fauour wyll flatter and glose
Some wryte curyous terms nothyng to purpose
¶Thus euery man after his fantesye
wyll wryte his conseyte be it neuer so rude
Be it vertuous vycyous wysedome or foly
wherfore to my purpose thus I conclude
why shold not than the auctour of this interlude
Utter his owne fantesy and conseyte also
As well as dyuers other now a dayes do
¶For wysedome and foly is as it is takyn

For þ one callyth wysedome a nother callyth foly
yet amonge moste folke that man is holdyn
moste wyse / whiche to be ryche studyeth only
But he that for a comyn welth bysyly
Studyeth and labozyth and lyuyth by goddɘ law
Except he war ryche men count hym but a daw
℞ So he that is ryche is euer honouryd
All though he haue got it neuer so fallely
The poze beynge neuer so wyse is reprouyd
This is the oppynyon moste compnly
Thozowe out the wozlde / and yet no reason why
Therfoze in my mynd whan that all suche dawis
Haue babelyd what they can no fozce of .ii. strawis
℞ Foz euery man in reason thus ought to do
To labour for his owne necessary lyuynge
And than for the welth of his neyghbour also
But what dyuylish mynd haue they which musig
And labouryng all their lyffɘ do no nother thyng
But bzinge ryches to their owne possessyon
Nothyng regardige their neyghbours distruccis
℞ yet all the ryches in the wozlde that is
Ryseth of the grounde by goddys sendynge
And by the labour of poze mennys handys
And though thou ryche man haue therof þ kepynge
yet is not this ryches of thy gettynge
Noz oughtyst not in reason to be pzeysɘd þ moze
                                   J.iij.

For by other menys labour it is got before
¶ A great wytted man may sone be entychyd
That laboryth and studyeth for ryches only
But how shall his consryens than be dischargcd
For all clerkes afferme that that man precysely
Whiche studyeth for his owne welth pryncypally
Of god shall deserue but lytyll rewarde
Except he the comyn welth somwhat regarde
¶ So they sey that that man occupyed is
For a comyn welth whiche is euer laboryngge
To releue pore people with temporall goodys
And that it is a comyn good act to brynge
People from vyce and to vse good lyuynge
Lyke wyse for a comyn welth occupyed is he
That bryngyth them to knowlege that yngorat be
¶ But man to knowe god is a dyffyculte
Except by a meane he hym selfe inure
Whiche is to knowe goddes creaturys that be
As furst them that be of the grosyst nature
And than to know them that be more pure
And so by lytyll and lytyll ascendynge
To know goddes creaturys & meruclous werkige
¶ And this wyse man at the last shall come to
The knowlege of god and his hye mageste
And so to lerne to do his dewte and also
To deserue of his goodnes partener to be
Wherfore in this work declaryd shall ye see

Furst of the elementis the sytuacyon
And of their effectis the cause and generacyon
⸿And though some men thynke this matter to hye
And not mete for an audyence vnlernyd
Me thynke for man nothynge moze necessary
Than this to know though it be not vsyd
Noz a matter moze lowe can not be arguyd
Foz though the elementis goddys creaturis be
yet they be most grose and lowyst in degre
⸿How dare men pzesume to be callyd clerkys
Dysputynge of hye creaturis celestyall
As thyngys inuysyble and goddys hyc warkys
And know not these vysyble thyngys inferyall
So they wolde know hye thynge & know nothige
Of the yerth here wheron they dayly be   (at all
Nother the nature forme noz quantyte
⸿Wherfoze it semyth nothynge conuenyent
A man to study and his tyme to bestowe
Furst foz the knowlege of hye thyngys excellent
And of lyght matters beneth nothynge to know
As of these .iiij. elementis here below
whose effectis dayly appere here at eye
Such thigys to know furst / were most mete study
⸿Whiche matter befoze your pzesence shoztly
In this interlude here shall be declaryd
without great eloquence i ryme rudely
Because the compyler is but smal lernyd

This worke with rethozyk is not adournyd
Foz perhappis in this matter muche eloquence
Sholde make it tedyous oz hurt the sentence
¶But because some folke be lytyll dispolyd
To sadnes/but moze to myzth and spozt
This phylosophycall wozk is myxyd
with mery conseytis to gyue men cōfozt
And occasyon to cause them to resozt
To here this matter/wherto yf they take hede
Some lernynge to them therof may pcede
¶But they that shall nowe this matter declare
Openly here vnto this audyence
Beholde I pzey you see where they are
The pleyers begyn to appere in pzesence
I se well it is tyme foz me to go hens
And so I wyll do/therfoze now shoztly
To god I cōmyt all this hole company

¶Hic intrat natura naturata Huma=
nyte ⁊ Studyous desire poztās figurā

¶Natura Naturata

The hye myghty most excellent of all
The foūtayn of goodnes verteu ⁊ cōnyng
whiche is eterne of power most potencyall
The pfeccyon and furst cause of euery thynge
I meane that only hye nauture naturynge

Lo he by his goodnes hath ordeynyd and create
Me here his mynyster callyd nature naturate
Cwherfore I am the vercy naturate nature
The immedyate mynyster for the preseruacyon
Of euery thynge in his kynde to endure
And cause of generacyon and corrupcyon
Of that thynge that is brought to dystruccyon
A nother thynge styll I brynge forth a gayne
Thus wonderfly I worke and neuer in vayne
C The great worlde be holde lo deuydyd woderfly
In to two regyons wherof on I call
The etheriall region with the heuyns hye
Conteynynge the planettys sterris & speris all
The lower region callyd the elementall
Conteynynge these .iiij. elementis be loo
The fyre the ayre the water and yerth alfo
C But yet the elementis and other bodyes all
Beneth / take theyr effectys and operacyons
Of the bodyes in the region ethereall
By theyr influens and constellacyons
They cause here corrupcyons and generacyons
For yf the mouyng a boue sholde onys cease
Beneth sholde be nother increse nor decrese
C These elementis of them selfe so syngle be
Unto dyuers formys can not be deuydyd
yet they compyr to gyder dayly ye see

wherof dyuers kyndes of thyngꝭ be ingenderyd
whiche thyngꝭ eft sonys whan they be coꝛꝛuptyd
ꝛche element I reduce to his furst estate
So that nothynge can be vtterly adnychelate
⸿foꝛ though the foꝛme and facyon of any thyng
That is a coꝛpoꝛall body be distroyed
yet euery matter remaynyth in his beynge
wherof it was furst made and foꝛmyd
Foꝛ coꝛꝛupcyon of a body cōmyxyd
ys but the resolucyon by tyme and space
Of euery element to his owne place
⸿foꝛ who that wyll take any body coꝛpoꝛall
And do what he can it to distroy
To bꝛeke it oꝛ grynde it into pouder small
To wasshe to dꝛown to bꝛen it oꝛ to dꝛy
yet the ayꝛe and fyꝛe therof naturally
To their owne ꝓper places wyll ascende
The water to the water the yerth to þ yerth tende
⸿foꝛ yf hete oꝛ moysture of any thynge certayne
By fyꝛe oꝛ be water be consumyd
yet yerth oꝛ asshes on yerth wyll remayne
So the elementts can neuer be distroyed
Foꝛ essencyaliy ther is now at this tyde
As muche fyꝛe ayꝛe water yerth as was
Euer befoꝛe this tyme nether moꝛe noꝛ las
⸿wherfoꝛe thou man now I speke to the

Remembꝛe that thou art compound and create
Of these elementis as other creaturis be
yet they haue not all lyke noble estate
Foꝛ plantis and herbys growe and be insensate
Bꝛute bestis haue memoꝛy and their wyttꝭ fyue
But thou hast all those and soule intellectyue
℣ So by reason of thyne vnderstandynge
Thou hast domynyon of other bestis all
And naturally thou sholdyst desire conynge
To knowe straunge effectꝭ and causys naturall
Foꝛ he that studyeth foꝛ the lyfe bestyall
As voluptuous pleasure and bodely rest
I account hym neuer better than a best
℣ Humanyte.

℣ O excellent pꝛynce and great loꝛde nature
I am thyne owne chylde and foꝛmyd instrument
I beseche thy grace take me to thy cure
And teche me suche seyens thou thikyst expedyet
℣ Nature.

℣ Than syth thou art so humble and beneuolent
That thynge that is mete foꝛ thy capasyte
And good foꝛ thy knowlege I shall Instructe the
℣ Furst of all thou must consyder and see
These elementis whiche do yche other penetrate
And by contynuall alteracyon they be
Of them selfe dayly coꝛruptyd and generate

The yerth as a poynt oz center is sytuate
In the myddes of the wozlde/with ꝑ water Joyned
with the ayze ꞇ fyze rounde ꞇ hole inuyronyd
℃The yerth of it selfe is ponderous and heuy
Colde and dzy of his owne nature ꝑꝑer
Some parte lyeth dzy contynually
And parte therof coueryd ouer with water
Some with the salt see some with freſhe ryuer
whiche yerth and the water to gyder with all
So Joynyd make a rounde fygure sperycall
℃So the water whiche is colde ꞇ moyſt is foūde
In and vppon the yerth fyllynge the holenes
In dyuers partis lyinge with ꝑ yerth rounde
yet the hyllys and mounteyns of ꝑ yerth exceſſe
℃Take nothynge of hit a way the roundnes
In comparyſon bycauſe they be ſo ſmall
No moze than the pzikke do that be on a gall
℃The ayze whiche is hote and moyſt alſo
And the fyze whiche is euer hote and dzy
A bout the perth and water Joyntly they go
And compaſſe them euery where ozbycularly
As the whyte a boute the yolke of an egg doth lye
But the ayze in the lower parte moſte remaynyth
The fyze naturally to the hyer tendyth
℃The etheryall region whiche conteynyth
The ſterrys and planettys and euery ſpere

About the elementis dayly mouyth
And coueryth them rounde a bout euery where
Euery sterre and spere in straunge maner
Uppon his owne poles mouyth dyuersly
whiche now to declare were to longe to tary
℃The fyre and the ayre of their naturys be lyght
Therfore they moue by naturall prouydence
The water bycause it is ponderous in weyght
Mouyth not naturally but by vyolence
Of the sterris and planctte by whose influence
The see is compellyd to ebbe and flowe dayly
And freshe waters to sprynge contynually
℃And though ŷ the water be grose and heuy
yet nothynge so grose as the yerth I wys
Therfore by hete it is vaporyd vp lyghtly
And in the ayre makyth cloudys and myste
But as sone as euer that it grosely is
Gederyd to gyder / it descendyth a gayne
And caulyth vppon ŷ yerth hayle snow & rayne
℃The yerth because of his ponderosyte
A voydyth equally the mouyng great
Of all extremytes and sperys that be
And tendyth to the place that is most quiet
So in the myddys of all the sperys is set
Formast abiert from all maner mouynge
there naturally he restyth & mouyth nothynge

¶Marke well now how I haue the shewyd & tolde
Of euery element the very sytuacyon
And qualyte / wherfore this fygure beholde
for a more manyfest demonstracyon
And by cause thou sholdyst not put to oblyuyon
My doctryne / this man callyd studyous desire
with the shall haue contynuall habytacyon
The styll to exhort more scyens to adquire
¶for ý more ý thou desyrest to know any thynge
Therin thou sempst the more a man to be
for that man that desireth no maner conynge
All that wyle no better than a best is he
why ben the eyes made but only to see
The leggys to bere the body of a creature
So euery thynge is made to do his nature
¶So lyke wyse reason wit and vnderstondyng
ys gyuen to the man for that thou sholdyst i dede
knowe thy maker & cause of thyne owne beynge
And what ý worlde is & wherof thou doest prcede
wherfore it be houyth the of vetey nede
The cause of thyngs furst for to lerne
And than to knowe & laude the hye god eterne
¶Humanyte.
¶O gloryous lorde and prynce moste plesant
Greatly am I now holdyn vnto the
So to illumyne my mynd that was yngnorant

with such noble doctryne as thou hast here shewed
wherfore I promyse vppon my fydelyte   (me
My dylygence to do to kepe in memory
And the for to honour styll ppetually

ℂ Studyous desire

ℂ And syth it hath pleasyd thy grace to admyt
Me vppon this man to gyue attendaunce
with thy doctryne here shewyd I shall qkkyn his
And dayly put hym in remembraunce   (wyt
His courage and desyre I shall also inhaunce
So that his felycyte shall be most of all
To study and to serche for causys naturall

ℂ Nature.

ℂ well than for a season I wyll departe
Leuynge you to gyder here both twayne
what I haue shewid man prynt well in thyne hert
And marke well this fygure ꝑ here shall remayne
wherby thou maist perceyue many thynges more
Concernynge ꝑ matter I spake of before   (playn
And whan that I shall resort here a gayne
Of hyr poyntꝭ of conynge I shall shew ꝑ more

ℂ Studyous desire.

ℂ Now humanyte call to your memory
The conynge poyntꝭ that nature hath declaryd
And though he haue shewed dyuers poitꝭ & many
Of the elementis so wonderfly formed

yet many other caulys there are wolde be lernyd
As to knowe the generacyon of thyngſ all
Here in the yerth / how they be ingendryd
As herbys plantys well ſprynge ſton and meſall

Humanyte.

Thoſe thyngſ to knowe for me be full expediēt
But yet i thoſe poyntſ whiche nature late ſhewyd
My mynde in them as yet is not cōtent   (me
For I can no maner wyſe patcepue nor ſee
Nor proue by reaſon why the yerth ſholde be
In the myddſ of ꝑ fyrmament hengyng ſo ſmall
And the yerth with the water tō be roūde with all

   Studyouſ deſire.

We thynkyth my ſelfe as to ſome of thoſe poitſ
I coude gyue a ſuffycyent ſolucyon
For furſt of all thou muſt nedys graunt this
That the yerth is ſo depe and botom hath non
Or els there is ſome groſe thyng hit ſtōdyth vpon
Or els that it hangyth thou muſt nedſ conſent
Euyn in the myddſ of the fyrmament

   Humanyte.

what than go forth with thyne argument

   Studyous deſire.

Thā marke well in ꝑ day or in a wynters nyght
The ſone and mone and ſterris celeſtyall
In the eſt furſt they do apere to thy ſyght

after in the west they do downe fall

a rayne in the morowe next of all

w   xxiiij. houres they be come Iust

To   est poit? again where thou sawist them furst

CT ian yf the erthe shulde be of endles depnes

Or shulde stande vpon any other grose thynge

It shulde be an impedyment dowtles

To the sone mone and sterris in theyr mouynge

They shulde not so in the est agayne sprynge

Therfore in reason it semyth moste conuenyent

The yerth to hange in y mydds of the fyrmamet

Humanyte.

Thyne argument in y poynt doth me cofoude

That thou hast made but yet it puyght not ryght

That the yerth by reason shulde be rounde

For though y fyrmament with his sterris bryght

Compas aboute the yerth eche day and nyght

yet the yerthe may be playne paduenture

Quadrant triangle or some other sygure

Studyouse desyre

That it can not be playne I shall well pue the

Be cause the sterris that a ryse in the oryent

Appere more soner to them that there be

Than to the other dwellynge in the occident

B.i.

The eclypse is therof a playne experymente
Of the sone oz mone which whane it dothe fy
Is neuer one tyme of the day in placys all
Yet the eclyps generally is alwaye
In the hole wozlde as one tyme beynge
But whan we that dwell here see it in ƥ mydday
They in the west partis see it in the mozynynge
And they in the est beholde it in the euenyng
And why that sholde so be no cause can be found
But onely by reason that the yerthe is rownde

☙ Humanyte.

That reason proueth the perth at the lest
Some wayes to be rownde I cannot gayne say
As foz to accompt frome the est to the west
But yet not withstondynge all that it may
Lese hys rowndenesse by some other waye

☙ Studyous desyze.

Na no dowte yt is rownde euery where
Which I coulde proue thou shoudest not say nay
yf I had therto any tyme and leser
But I knowe a man callyd experyens
Of dyuers instrumentys is neuer without
Cowde proue all these poyntys & yet by his scyés
Can tell how many myle the erthe is abowte

in many other ſtraūge cōcluſiōs no dowte
ꝭys inſtrumentys cowde ſhew thē ſo certayn
ꝭat euery rude carter ſhold them plaÿue playn
℃Humanyte.
Now wolde to god I had ẏ man now here
Foꝛ the contēmplacyon of my mynde
℃Studyons deſyꝛe.
℃yf ye wyll I ſhall foꝛ hym enquere
And bꝛynge hym heder yf I can hym kynde
℃Humanyte.
Then myght I ſay ye were to me ryght kynde
℃Studyous deſyꝛe.
I ſhall aſſay by god that me dere bought
Foꝛ cunnyng is the thynge ẏ wolde be ſought
℃Senſuall apetyte.
well hyet quod hykman when ẏ he ſmot
Hys wyſſe on the buttockꝭ with a bere pōtt
Aha now god euyn fole god euyn
It is euen the knaue that I wene
Haſt thou done thy babelyng
℃Studyous deſyꝛe.
℃ye peraduenture what than
℃Senſuall apetyte.   (my blyſſyng
℃Thā hold downe thy hede lyke a pꝛety mā τ take

Benedicite / I graũt to the / this poor
And gyue the abſolucion
For thy ſoth ſaws / ſtande vp Iack daw
I be ſhrew thy faders ſone.
ℂ Make roine ſyrs and let vs be mery
with huffa galand ſynge tyrll on the bery,
And let the wyde worlde wynde.
Synge fryſka Ioly with hey troly loly,
For I ſe well it is but a foly,
For to haue a ſad mynd.
ℂ For rather than I wolde vſe ſuche foly,
To pray to ſtudy or be pope holy,
I had as lyf be ded
By goggys body I tell you trew,
I ſpeke as I thynke now els I be ſhrew,
Euyn my next felowes hed.
ℂ Maſter humanyte ſyr be your leue,
I were ryght loth you to greue.
Though I do hym dyſpyſe
For yf ye knewe hym as well as I,
ye wolde not vſe his company,
Nor loue hym in no wyſe
Hu. ℂ Syr he loketh lyke an honeſt man,
Therfore I merueyll that ye can,

This wyse hym depraue
Hen. ¶Though he loke neuer so well
I promyse you he hath a shrewde smell
Dur. ¶Why so I prey you tell
Sen. ¶For he saueryth lyke a knaue
St. ¶Holde your peace syr ye mystake me
what I trowe that ye wolde make me
Lyke to one of your kyn
Hen. ¶Harke syrs here ye not how boldly
He callyth me knaue agayne by polycy
The deuyll pull of his skyn
I wolde he were hangyd by the throte
For by the messe I loue hym not
we two can neuer agre
I am content syr with you to tary
And I am for you so necessary
ye can not lyue without me
Dur. why syr I say what man be ye
Sen. I am callyd sensuall apetyte
All craturs in me delyte
I comforte the wyttys fyue
The tastyng smellyng & herynge
I refresh the syght and felynge
To all cratures a lyue

For whan the body wexith hongry
For lacke of fode or ellys thursty
Than with drynkes plesaund
I restore hym out of payne
And oft refresshe nature agayne
With delycate vyand
With plesaunde sound of armonye
The herynge alwaye I satysfy
I dare this well reporte
The smellynge with swete odour
And the syght with plesaunte fygour
And colours I comforte
The felynge that is so plesaunte
Of every member fote or hande
What pleasure therin can be
By the towchynge of soft & harde
Of hote or colde nought in regarde
Excepte it come by me

Hu. Than I cannot see the contrary
But ye are for me full necessary
And ryght convenyent.

Stu. Ye syr beware yet what ye do
For yf you forsake my company so
Lorde nature wyll not be contente.

Of hym ye shall neuer lerne good thyng
Nother vertu nor no other conynge
This dare I well say

Sen. Mary auaunt knaue I the defye
Dyde nature forbyde hym my company
what sayst thou therto speke openly

Hu. As for that I know well nay

Sen. No by god I am ryght sure
For he knoweth well no creature
without me can lyue one day

Hu. Syr I pray you be contente
It is not vtterly myne intente
your company to exyle
But onely to haue communycacyon
And a pastyme of recreacyon
with this man for a whyle

Stu. well for your pleasure I wyll departe

Sen. Now go knaue go I beshrew thy hart
The deuyll sende the forwarde

Sen. Now by my trouth I meruell gretly
That euer ye wolde vse the company
So myche of suche a knaue
For yf ye do no nother thynge
But euer study and to be musynge

As he wolde haue you it wyll you bꝛynge
At the laſt vnto your graue
℣ye ſhulde euer ſtudy pꝛyncypall
For to comfoꝛt your lyfe naturall
with metis and dꝛynkes dilycate
And other paſtymes ꝓ pleaſures a monge
Daunſynge laughynge oꝛ pleſaunt ſonge
This is mete foꝛ your eſtate

Hu. ℣Be cauſe ye ſey ſo I you ꝓmyſe
That I haue muſyd ꝓ ſtudyed ſuch wyſe
Me thynketh my wyttes wery
My nature deſyreth ſome refreſſhynge
And alſo I haue ben ſo longe faſtynge
That I am ſomwhat hongry

Sen. ℣well than wyll ye go with me
To a tauerne where ye ſhall ſe
Good paſtaunce ꝓ at your lyberte
Haue what ſo euer ye wyll

Hu. ℣I am content ſo foꝛ to do
yf that ye wyll not fro me go
But kepe me company ſtyll

Sen. ℣Cõpany qd a/ye ꝑ I ſhall poynt deuyſe
And alſo do you good and trew ſeruyce
And therto I plyght my trouthe

And yf that I euer forsake you
I pray god the deuyl take you
Hu.   ℃ Mary I thanke you for that othe
Sen.   ℃ A myschyfe on it my tonge loo
        wyll tryp somtyme what so euer I do
        But ye wot what I mene well
Hu.   ℃ ye no force let this matter passe
        But seydest eui now thou knewyst where
        A good tauerne to make solas   (was
        where is that I prey the tell
Sen.   ℃ Mary at the dore euyn here by
        yf we call any thynge on hye
        The tauerner wyll answere
Hu.   ℃ I prey the than call for hym nowe
Sen.   ℃ Mary I wyll / How tauerner how
        why doste thou not appere
Tauer ℃ who is that calleth so hastely
ner.   I shrew thyne hert speke softely
        I tell the I am not here
Sen.   ℃ Than I beshrew ye page of thyne age
        Come hyther knaue for thyne auauntage
        why makyst thou hit so tow
Ta.   ℃ for myne auautage mary than I come
        Beware syrs how let me haue rome
        Lo here I am what seyst thou

Sen. Mary thus here is a gentylman I say
      That nother ete nor dranke this day
      Therfor tell me I the praye
      yf thou haue any good wyne
Ta. ye shall haue spaynshe wyne & gascoyn
      Rose coloure whyt claret rampyon
      Tyre capryck and maluesyne
      Sak raspyce alycaunt rumney
      Greke ipocrase new made clary
      Suche as ye neuer had
      For yf ye drynke a draught or too
      yt wyll make you or ye thens go
      By goggs body starke madde
Sen. I wot thou art not without good wyne
      But here is a gentylman hath lyst to dyne
      Canst thou get hym any good mete
Ta. what mete mayster wolde ye haue
Hu. I care not so god me saue
      So that it be holsome to ete
      I wolde we had a good stewyd capon
Sen. As for capons ye can gette none
      The kyngys taker toke vp eche one
      I wot well there is none to get

Ta. Though all capons be gone what than
yet I can get you a stewed hen
That is redy dyght.
Hu. yf she be fat yt wyll do well
Ta. Fat or lene I cannot tell
But as for this I wot well
She lay at the stewes all nyght.
Hu. Thou art a mad gest be this lyght.
Sen. ye syr it is a felow that neuer faylys
But cast get my mayster a dysshe of qua=
smal byrdes swalowes or wagtaylſ &
They be lyght of dygestyon.
Ta. Lyght of dysgestyon for what reason
Sen. For physyk puttyth this reason therto
Bycause those byrdes fle to & fro
And be contynuall mouynge
Ta. Then know I a lyghter mete than ƺ
Hu. I pray the tell me what
Ta. yf ye wyll nedys know at short & longe
It is euyn a womans tounge
For that is euer sterynge
Hu. Syr I pray the let suche fanteses be
And come heder nere & harke to me
And do after my byddynge.

Goo pnruey vs a dyner euyn of the moſte
Of all mauer dyſſhes both ſod and roſſe
That thou canſt get ſpare foꝛ no coſſe
yf thou make thꝛe courſe

Ta.
℧ Thau ye get noꝛ her goſe noꝛ ſwane
But a dyſſhe of dꝛeggꝭ a dyſſhe of bꝛaſſe
A dyſſhe of dꝛaffe and I trowe than
ye can not get thꝛe woꝛſe

Hu.
℧ what hoꝛſon woldyſt thou puruey
Bꝛan dꝛaffe ꝛ ſtynkynge dꝛeggꝭ I ſey
I holde the mad I trowe

Ta.
℧ Gogges paſſyon ſayd ye not thus
That I ſhulde puruey you thꝛe courſe
And theſe be courſe I nowe   (dyſſhes

Hu.
℧ Thꝛe courſe dyſſhes qd a
what mad fole thou myſ takeſt me clene
I ſe well thou woteſt not what I mene
And vnderſtandyſt a mys
I mene this wyſe I wolde haue the
To purney mete ſo gꝛeat plente
That thou ſholdyſt of neceſſyte
Serue them at thꝛe courſys
℧ That is to vnderſtande at one woꝛde
Thou ſhuldeſt bꝛynge them vnto ȳ boꝛd

At thre seuerall tymes.

Ea. ℂ what than I se well ye wyll make a feste
Hu. ℂ ye by the rode euyn with the gretest
Sen. ℂ By my trouth than do ye best
Euyn after my mynde
But ye must haue more company.
Hu. ℂ That is trewe and so wolde I gladl⸗
If I knewe any to fynde
Sen. ℂ why wyll ye folowe my counsell
Hu. ℂ ye
Sen. ℂ Than we wyll haue lytell nell,
A pper wenche she daunsith well,
And Jane with the blacke lace
we wyll haue bounsynge besse also,
And two or thre proper wenchis mo,
Ryght feyr and smotter of face.
Hu. ℂ Now be it so thou art launce here.
Ta. ℂ Thā I preyue ye wyll make gode chere.
Hu. ℂ why what shulde I els do
Ta. ℂ If ye thynke so best than wyll I
Go before and make all thynge redy,
Agayne ye come therto.
Hu. ℂ Mary I prey the do so.
Ta. ℂ Than farewell syrs for I am gone

Chu.	And we shall folow the anon
	without any taryyng
Sen.	Then it is best syr ye make hast
	For ye shall spende here but tyme i wast
	And do no nother thynge
Hu.	Cyf ye wyll let vs goo by and by
Sen.	I pray you be it for I am redy
	No man better wyllynge
Exeat	Sen. & Hu. Intrat Exp̃es. & Stu.
	Now colyn experyens as I may say
	ye are ryght welcom to this contrey
	without any fayntyng.
Exp̃es	Syr I thanke you therof hertely
	And I am as glad of your company
	As any man lyuynge.
Stu.	Syr I vnderstonde that ye haue be
	In many a straunge countree
	And haue had grete fylycyte
	Straunge causes to seke and fynde
Ex.	Ryght farr syr I haue rydden & gone
	And seen straunge thynges many one
	In affryk / europe and ynde
	Bothe est & west I haue ben farr
	North also and seen the sowth sterr

Bothe by see and lande
And ben in sondry nacyons
with peple of dyuers condycyons
Stu. Maruelous to vnderstonde.
Syr yf a man haue suche corage
Or deuocyon in pylgrymage
Iheruzalem vnto.
For to accompt the nexte way
How many myle is it I you pray
Ex. From hens theder to goo
Syr as for all suche questyons
Of townes to know the sytuacyon
How ferr they be a sunder
And other poyntes of cosmogryfy
ye shall neuer lerne then more surely
Then by that fugure yonder
For who that fygure dyd fyrst deuyse
It semeth well he was wyse
And perfyte in this seyens
For bothe the se and lande also
Lye trew and iust as they sholde do
I know by experyens.
Stu. who thynke you brought here this fygure
Ex. ¶ I wot not

Stu. ¶Certes lorde nature
Hym selfe not longe a gone
¶whiche was here personally
Declarynge hye phylosophy
And lafte this fygure purposely
For humanytes instruccyon

Ex. ¶Dowtles ryght nobly done
Stu. Syr this realme ye knou is callid Englãde
Somtyme brettayne I vnderstonde
Therfore I prey you poit with your hãde
In what place it shulde lye

Ex. ¶Syr this ys ynglande lyenge here
And this is skotlãde y Joyneth hym nere
Compassyd a boute euery where
with the occian see rownde
¶And next from them westwardly
Here by hym selfe alone doth ly
Irelande that holsome grounde
¶Here than is the narowe seey
To Calyce and Boleyne the next wey
And flaunders in this pte
Here lyeth fraunce next hym ioynynge
And spayn southwarde frõ thes stãdynge
And portyngale in this quart

This contrey is callyd Italye
Beholde where Rome in ẏ mydde doth ly
And Naples here be yonde
And this lytell See that here is
Is callyd the Gulfe of Uenys
And here venys doth stande
℃ As for almayne lyeth this way
Here lyeth denmarke and norway
And northwarde on this syde
There lyeth Iselonde where mē do fyshe
But be yonde that so colde it is
No man may there abyde
℃ This See is called the great Oceyan
So great it is that neuer man
Coude tell it sith the worlde began
Tyll nowe within this .xx. yere
westwarde be founde newe landes
That we neuer harde tell of before this
By wrytynge nor other meanys
yet many nowe haue ben there
℃ And that contrey is so large of rome
Muche lenger than all cristendome
without fable or gyle
For dyuers maryners haue it tryed
And sayled streyght by the coste syde
Aboue .v. thousand myle

℃i.

⸿But what cōmodytes be within
No man can tell noꝛ well Imagin
But yet not longe a go
Some men of this coutrey went
By the kynges noble consent
It foꝛ to serche to that entent
And coude not be bꝛou ght therto
⸿But they that were they venteres
Haue cause to curse their maryners
Fals of pꝛomys and dissemblers
That falsly them be trayed
whiche woldn take no paine to saile faꝛther
Than their owne lyst and pleasure
wherfoꝛe that vyage and dyuers other
Suche kaytyffes haue distroyed
⸿O what a thynge had be than
yf that they that be englysshe men
Myght haue ben the surst of all
That there shulde haue take possessyon
And made surst buyldynge & habytacion
A memoꝛy perpetuall
And also what an honoꝛable thynge
Bothe to the realme and to the kynge
To haue had his domynyon extendynge
There into so farre a grounde
whiche the noble kynge of late memoꝛy

The moste wyse prynce the .vij. Herry
Causyd furst for to be founde
¶And what a great meritoryouse dede
It were to haue the people instructed
To lyue more vertuously
And to lerne to knowe of men the maner
And also to knowe god theyr maker
whiche as yet lyue all bestly
For they nother knowe god nor the deuell
Nor neuer harde tell of heuyn nor hell
wrytynge nor other scripture
But yet in the stede of god almyght
The honour the sone for his great lygge
For that doth them great pleasure
¶Buyldynge nor house they haue nõ at
But wodes /cotes /and cauys small   (all
No merueyle though it be so
For they vse no maner of yron
Nother in tole nor other wepon
That shulde helpe them therto
¶Copper they haue whiche is founde
In dyuers places aboue the grounde
yet they dyg not therfore
For as I sayd they haue non yryn
wherby they shuld in the yerth myne
To serche for any wore

                              C.ii.

¶Great haboundaüace of woddꝭ ther be
Moſte parte vpꝛ and pyne aple tre
Gꝛeat ryches myght come therby
Both pyche and tarre and ſope aſſhys
As they make in the eeſt landes
By bꝛynnynge therof only
¶Fyſhe they haue ſo great plente
That in hauyns take and ſlayne they be
with ſtauys withouten fayle
Nowe frenchemen ⁊ other haue foūde the
That yerely of fyſhe there they lad (trade
Aboue an.¶.ſayle
¶But in the ſouth parte of that contrey
The people there go nakyd alway
The lande is of ſo great hete
And in the noꝛth parte all the clothes
That they were/is but beſtꝭ ſkynnes
They haue no nother fete
But howe the people furſt began
In that contrey oꝛ whens they cam
Foꝛ clerkes it is a queſtyon
Other thynges ino I haue in ſtoꝛe
That I coude tel therof but now no moꝛe
¶Yll another ſeaſon
Stu. ¶Thā at your pleaſure ſhew ſome other
yt lyketh me ſo wel your cōmynige (thige

ye can not talke a mys

℄ Thã wyl J torne agayne to my matter
Of Cosmogryfy where J was ere
Beholde take hede to this

℄ Loo estwarde beyonde ꝥ great oceyan
Here entereth the see callyd mediterran
Of .ij.M.myle of lengthe
The Soudans contrey lyeth here by
The great Turke on ꝥ north syde doth ly
A man of meruey lous strengthe
℄ This sayde north pte is callyd europa
And this south pte callyd affrica
This eest pte is callyd ynde
But this newe lande founde lately
Ben callyd america by cause only
Americus dyd furst them fynde
℄ Loo Jhrtin lyeth in this contrey
And this beyonde is the red see
That moyses maketh of mencyon
This quarter is Jndia minor
And this quarter Jndia maior
The lande of prester John
℄ But northwarde this way as ye se
Many other straunge regions ther be
And people that we not knowe
But estwarde on the see syde

C.iij.

A prynce there is that rulyth wyde
Callyd the Cane of catowe
¶And this is called the great eest see
whiche goth all a longe this wey
Towardes the newe landis agayne
But whether that see go thyther dyrectly
Or if any wyldernes bytwene them do ly
No man knoweth for certeyne
But these newe landes by all cosmografye
Frome the cane of catous lande cã not lye
Lytell paste a thousande myle
But from those new landes mẽ may sayle
Estwarde & cõ to englãde agaie playne
where we began ere whyle
¶Lo all this parte of the yerth whiche I
Haue here discrypyd openly
The north parte we do it call
But the south pte on the other syde
ys as large as this full and as wyde
whiche we knowe nothynge at all
¶Nor whether ý moste pte be lande or see
Nor whether the people that there be
Be bestyall or connynge
Nor whether they knowe god or no
Nor howe they beleue nor what they do
Ofthis we knowe nothynge

Lo is not this a thynge wooderfull
How that

      ℃Et subito studyouse desire dicat.

Stu.   ℃Pese syꝛ no moꝛe of this matter
       Beholde where humanyte cōmeth here

Sen.   ℃How sey you maister humanyte
       I pꝛey you haue ye not be mere
       And had good recreacyon

Hu   ℃yes I thanke the therof euery dell
       foꝛ we haue saryd mcrucyously well
       And had good cōmunycacyon

Ta.   ℃what how maister where be ye now

Sen.   ℃what I shꝛewe the what haste hast thou
       That thou spekyst so hye

Ta.   ℃So hye qd a I trow ye be mad by saynt
       foꝛ dyd ye not ere whyle   (gyle
       Make poyntment openly
       ℃To come agayne all to supper
       There as ye were to day at dyner
       And yet ye poynted not playne
       what mete that ye wyll haue dꝛest
       Noꝛ what delycaty ye loue best
       Me thynke you farre ouer sayne

Hus   ℃As foꝛ myne owne pte I care not
       Dꝛesse what mete thou louest spare not
       what so euer thou doest best thynke

                  L.iiij.

Ta.　❧ Now if ye put it to my lyberte
Of all metẽ in the worlde that be
By this lyght I loue best dzynke

Sen.　❧ It semyth by thy face so to do
But my maister wyll haue mete also
what so euer it cost

Ta.　❧ By god syz than ye must tell what

Hu.　At thy discressyon force nat
whether it be soden oz rost

Ta.　❧ well syz than care not let me a lone
ye shall se that all thynge shall be tone
And ozdeyned well and fyne

Hu.　❧ So I require the hertely
And in any wyse specyally
Let vs haue a cuppe of newe wyne

Tn.　❧ ye shall haue wyne as newe as can be
foz I may tell you in pzyuyte
Hit was bzued but yester nyght

Hu.　❧ But that is nothynge foz my delyte

Ta.　❧ But than I haue foz your apetyte
A cup of wyne of olde claret
There is no better by this lyght

Hu.　❧ well I trust the well I nowe

Ta.　❧ But on thynge if it please you nowe
ye se well I take muche payne foz you
I trust ye wyll se to me

Hu. Cye I pmyſe the get the hens
And in this matter do thy dylygence
And I ſhall well rewarde the

Sen. By cauſe thou lokyſt for a rewarde
One thynge for the I haue pparꝺ
That here I ſhall the gyffe
Thou ſhalte haue a knauys ſkyn
For to put thy body theriu
For terme of thy lyfe

Ta. ¶Now gramercy my gentyll brother
And therfore thou ſhalt haue nother
For voydynge of ſtryfe

Sen ¶Now fare well gentyll John
Ta Than fare well fole for I am gone

Sen. ¶A byde torne ones a gayne harke what
yet there is a nother thynge   (Jhey
wolde do well at our maiſters waſſhynge

Hu. ¶what thynge is that I the prey
Sen. ¶Mary thus canſt thou tell vs yet
where is any roſe water to get

Ta. ye that I can well purney
As good as euer you put to your noſe
For there is a feyre wenche callyd roſe
Dyſtylleth a quarte euery day

Sen. By god I wolde a pynt of that
were prwryd euyn vpon thy pate

Before all this presence

Ta. ¶yet I had leuer she and I
where both to gyther secretly
In some corner in the spence
For by god it is a prety gyrle
It is a worlde to se her whyrle
Daunsynge in a rounde
O lorde god how she wyll tryp
She wyll bounce it she wyll whyp
ye clene aboue the grounde

Hu. ¶well let all suche matters passe I sey
And get the hens and goo thy way
Aboute this other matter

Ta. ¶Than I goo streyght lo fare ye well

Sen. ¶But loke yet thou remembre euerydell
That I spake of full ere

Ta. ¶yes I warrant you do not fere
¶Exeat Tauerner.

Hu. ¶Goddis lorde seist not who is here now
what studyoꝰ desire what newis with you

Stu ¶ye shall knowe syr or I go

Sen. ¶what art thou here I se well I
¶The mo knauys the worse company

Stu. ¶Thy lewde condycyons thou doest styll
As thou art wont to do   (occupy

Hu. ¶But I sey who is this here in presence

Stu. ℭ Syr this is the man callyd experiens
That I spake of before

Hu. ℭ Experyens why is this he
Syr ye ar ryght welcome vnto me
And shall be euer more

Expe. ℭ Syr I thanke you therof hertely
But I assure you feythfully
I haue small courage here to tary
As longe as this man is here

Sen. ℭ why horson what eylyst at me

Ex. ℭ for thou hast euer so leude a pperte
Science to dispyse and yet thou art he
That nought canst nor nought wylt lere

Sen. ℭ Mary auaūt knaue I make god auowe
I thynke my selfe as cōnynge as thou
And that shall I proue shortly
I shall put the a questyon now come nere
Let me se how well thou canst answere
How spellest this worde tom Couper
In trewe artografye

Ex. ℭ Tom couper qd a a wyse questyō herdly

Sen. ℭ ye I tel þ agayne yet/tom coup how spel
Lo he hath forgotten ye may se   (lyst it
The furste worde of his a b c.
Harke fole harke I wyll teche the
p.a.pa.t.c.r.ter.do to gyther tom couper

ys not this a soꝛe matter
Loo here ye may se hym ꝓuyd a fole
He had moꝛe nede to go to scole
Than to come hyther to clatter

Stu.   Certeyne this is a solucyon
      Mete foꝛ suche a boyes questyon

Hu.   Sensuall apetyte I pꝛey the
      Let passe all suche tryfles and vanyte
      Foꝛ a wyle it shall not longe be
      And departe I the require
      Foꝛ I wolde talke a woꝛde oꝛ two
      with this man here oꝛ he hens go
      Foꝛ to satysfy my desyꝛe

Sen.   why goggis soule wyll ye so shoꝛtly
      Bꝛeke poyntment with yonder company
      where ye shulde come to supper
      I trust ye wyll not bꝛeke ꝑmys so

Hu.   I care not greatly yf I do
      yt is but a tauerne matter

Sen.   Than wyll I go shew them what ye sey

Hu.   Spare not if thou wylt go thy wey
      Foꝛ I wyll here tary

Sen.   Thã a dew foꝛ a whyle I tel you playne
      But I ꝓmyse you whã I come a gayne
      I shall make yonder knaues twayne
      To repent and be soꝛy

Ex. ℂNowe I am full glad that he is gone
Stu ℂSo am I for good wyll he do none
     To no man lyuynge
     But this is the man with whome ye shall
     I trust be well content with all
     And glad of his cōmynge
     ℂFor he hath expownyd connyngly
     Dyuers poyntes of Cosmogryfy
     In fewe wordes and shorte clause
Hu. ℂSo I vnderstande he hath gode science
     And that he hath by playne expience
     Lernyd many a straunge cause
Stu. ℂye syr and I say for my pte
     He is the cōnyngest man in that arte
     That euer I coude fynde
     For aske what questyon ye wyll do
     Howe the perth is rounde or other mo
     He wyll satysfye your mynde
Ex. ℂWhy what doute haue ye therin founde
     Thynke ye the perth shulde not be rounde
     Or elles howe suppose ye
Hu. ℂOne wey it is rounde I must consent
     For this man prouyd it euydent
     Towarde the eest and occydent
     It must nedis rounde be
Ex. ℂAnd lykewyse from the south to north

Hu. That poynt to proue were cū thāke worth

Ex. ¶ yes that I can well proue
For this ye knowe as well as I
ye se the north starre in the skye
Marke well ye shall vnethe it spye
That euer it doth remoue
¶ But this I assure you if you go
Northwarde an hundreth myle or two
ye shall thynke it ryseth
And how that it is nere aproched
The poynt ouer the top of your hed
whiche is callyd your zenyth
¶ yet yf ye go the other wey
Southwarde .x. or .xii. dayes Iorney
ye shall then thynke anon
It discended and come more nye
The sercle ptynge the yerth and skye
As ye loke streyght with your eye
whiche is callyd your oryson
¶ But ye may go southwarde so farre
That at the last that same starre
wyll seme so farre downe ryght
Clere vnder neth your oryson
That syght therof can you haue non
The yerth wyll stop your syght
¶ This puyth of necessyte

That the yerth muſt nedis rounde be
(This concluſyon doth it trye

Hu.　　C Nowe that is the pperiſt concluſyon
That euer J herde foʒ by reaſon
No man may hit denye
But ſir if that aman ſayle farre
Upon the ſee wyll than that ſtarre
Do there as on the grounde

Ex.　　C ye doutles ſayle noʒthwarde ryſe it wyl
And ſayle ſouthwarde it falleth ſtyl
And that pʒouyth the ſee rounde

Stu.　　C So dothe it in myne oppynyon
But knowe you any other concluſyon
To pʒoue it rounde ſaue that alone

Ex.　　C ye that J knowe ryght well
As thus marke well whan ye ſee is clere
What no ſtoʒme noʒ wawe therõ doth pere
This maryners can tell
C Than if a fyʒe be made on nyght
Upon the ſhoʒe that gyueth great lyght
And a ſhyp in the ſee farre
They in the toppe the fyʒe ſe ſhall
And they on hache nothynge at all
yet they on haches be nerr
C Alſo on the ſee where men be ſaylynge
Farre frome lande they ſe nothynge

But the water and the skye
yet whan they drawe the lande more nere
Than the hyll toppes begyn to apere
Styll the nere more hye and hye
As though they were styll growynge faste
Out of the see tyll at laste
whan they come the shore to
They se the hyll toppe fote and all
whiche thynge so coude not be fall
But the see lay rounde also

Hu.   Me thynketh your argumēt somwhat hard
Ex.   ¶Than ye shall haue it more playnly
                          (declared
If ye haue great desyre
For here loo by myne instrumentis
I can shew the playne expimentȝ

Hu.   ¶Therto I you requyre
Ex.   ¶with all my herte it shall be done
But for the furst conclusyon
That I spake of the fyre
Be this the seey that is so rounde
And this the fyre vpon the grounde
And this the shyp that is here
ye knowe well that a mannes syght
Can neuer be but in a lyne ryght

Hu.   ¶Iust you say that is clere
Ex.   ¶Marke well than may not ȳ mānis eye

Signature 𝔇, *eight leaves in fours, is missing from the original copy.*

But the water and the skye
yet whan they drawe the lande more nere

¶ with argynge here theyr foly...

¶ That is not worth iij. ſtrawes

¶ I loue not this hoteſon loſophers

Nor this great cōnyng extromers

¶ That tell how far it is to the ſterres

I hate all maner connyng

I wolde ye knew it I am Ignorance

A lorde I am of gretter puſans

¶ Than the kynge of ynglanb or fraunce

ye the grettyſt lord lyuyng

¶ I haue ſeruaūt₉ at my retynew

¶ That longe to me I aſſure you

Here with in ynglande

¶ That with me yngnorance dwell ſtyll

And terme of lyfe cōtynew wyll

A boue v C. thowſand

Sen.   Gogg₉ naylys I haue payed ſo of the I

yng.   why man what eylyth þ ſo to blow   (tro

Sen.   For I was at a ſhrewd fray

yng.   Haſt thou any of them ſlayn than

Sen.   ye I haue ſlayn them euery man

       Saue them that ran away

yng.   why is any of them ſkappd & gone

Sen.   ye by gogg₉ body everychone

       All that euer were there

                     E.j.

yng. ¶why than they be not all slayne

Sen. No but I haue put some to payne
For one horeson there was ŷ torned again
And streyght I cut of his ere

yng. ¶Than thou hast made a cut hym purs

Sen. a ye but yet I seruyd a nother wors
I smot of his legge by the hard ars
As sone as y met hym there

yng. ¶By my trouth that was a mad dede
Thou sholdest haue smyt of his hed
Thā he sholdi neuer haue troublid ŷ more

Sen. ¶Tushe than I had ben but mad
For there was a nother man that had
Smyt of his hed before

yng. ¶Thā thou hast quyt ŷ lyke a tal knyght

Sen. ¶ye that I haue by this lyght
But I sey can you tell me ryght
where became my maister

yng. ¶what he that you call humanyte

Sen. ¶ye

yng. ¶I wot neuer except he be
Hyd here in some corner

Sen. ¶Goggys body and trew ye sey
For yonder lo beholde ye may
He where the mad fole doth ly

yng. ¶Now on my feyth and treuth it Ꝯ
Hit were euyn great almys
To smyte his hed from his body

Sen. Nay god forbed ye sholde do so
For he is but an innocent lo
In maner of a fole
For as sone as I speke to hym agayne
I shall torne his mynde clene
And make hym folowe my skole

yng· ¶Thã byd hym ryse let vs here hym speke
Sen. ¶Now ryse vp maister huddy peke
your tayle totyth out be hynde
Fere not man stande vp by and by
I warrant you ryse vp boldly
Here is non but is your frynde

Hu. ¶I cry you mercy maister dere
yng. why what is cause thou hydest the here
Hu· ¶For I was almoste for fere
Euyn clene out of my mynde

Sen· ¶Nay it is the study that ye haue had
In this folysshe losophy hath made you
And no nother thynge Iwys   (mad

yng. ¶That is as trewe as the gospell
Therfore I haue great meruell
That euer thou wylt folowe the counsell
Of yonder two knauys

E.ii.

O syꝛ ye knoᵂ ryght ᵂell this
That ᵂhen any man is
In other mens company
He muſt nedꝭ foloᵂ the appyte
Of ſuch thyngꝭ as they delyte
Som tyme amonge perdy

yng. But ſuch knaues ᵂold alᵂay haue þ
To put all thy mynd ⁊ felicite
In this folyſh cónyng to ſtudy
ᵂhich if thou do ᵂyll make þ mad
And alᵂay to be penſyf ⁊ ſad
Thou ſhalt neuer be mery

Sen. Mery quod a/no I make god auoᵂ
But I pꝛay þ mayſter hark on ᵂoꝛd noᵂ
And aunſᵂere this thyng
ᵂhether thought you it better chere
At the tauerne ᵂherc ᵂe ᵂere ere
Oꝛ ellꝭ to clatter ᵂith theſe knaues here
Of theyꝛ folyſh cunnynge

Hu. Nay I can not ſay the contrary
But þ I had mych myꝛyer company
At the tauerne than in this place

Sen. Than yf ye haue any ᵂyt oꝛ bꝛayn
Let vs go to the tauerne agayn
And make ſome mery ſolace

yng. yf he ᵂyll do ſo thá doth he ᵂyſely

Hu.   By my troth I care not gretely
     For I am indyfferent to all company
     whether it be here or there
Sen.   Then I shall tell you what we wyll do
     Mayster yngnorans you & he also
     Shall tary both styll here
     And I wyll go fet hyther a cōpany
     That ye shall here thē syng as swetly
     As they were angellf clere
     ⟨And yet I shall bryng hydyr a nother
     Of lusty bluddf to make dyspor   (sort
     That shall both daunce & spryng
     And torne clene aboue y ground
     with fryscas & with gambawdf round
     That all the hall shall ryng
     ⟨And y done with in an howre or twayn
     I shall at the towne agayne
     Prepare for you a banket
     Of metys that be most delycate
     And most plesaunt drynkf & wynes ther
     That is possyble to get   (ate
     ⟨which shall be in a chamber feyre
     Replete with sote & fragrāt eyre
     Preparyd poynt deuyse
     with damaske water made so well
     That all y howse therof shall smell
                E.iij.

As it were paradyse

¶And after that if ye wyll touche
A feyre wenche nakyd in a couche
Of a softe bed of downe
For to satisfye your wantō lust
I shall apoynt you a trull of trust
Not a feyrer in this towne
¶And whau ye haue taken your delyte
And thus satisfyed the appetyte
Of your wyttis fyue
ye may sey than I am a seruaunt
For you so necessary and plesaunt
I trowe non suche a lyue

Hu.   ¶Nowe by the wey that god dyd walke
It cōforthe myne herte to here the talke
Thy mache was neuer seyn

yng.   ¶Than go thy wey by and by
And brynge in this company
And he and I wyll here tary
Tyll thou come agayne

Hu.   ¶And I prey the hertely also
Sen.   ¶At your request so shall I do
Lo I am gone nowe fare well
I shall brynge them in to this hall
And come my selfe formast of all
And of these reuellis be chefe mershall

And ozder all thynge well
Cyngnozaunce.

¶Nowe set thy hert on a mery ppn
Agayns these lusty bluddes come in
And dzyue fantesys a wey

Hu. And so I wyll by neupn kynge
If they other daunce oz synge
Haue a monge them by this day
Cyngn ozaunce.

¶Than thou takyst good & wyse weys
And so shalt thou best please
All this hole company
For the folysshe arguynge y thou hast had
with that knaue experiens y hath made
All these folke therof wery
¶For all they that be nowe in this hall
They be the most pte my seruauntes all
And loue pzyncypally
Dispoztis as daunsynge syngynge
Toys tryfuls laughynge gestynge
For connynge they set not by

Hu. I se well suche company euer moze
As sensuell appetyte is gone foze
wyll please well this audyens

yng. Lye that I suppose they wyll
But peale harke I pzey the be styll
E.iiij.

I wene they be not far hens·

℥ Then the daunsers with out the hall syng this
wyse and they with in answer oz ellys they may
say it foz nede.

───────────────────────────────
───────────────────────────────
───────────────────────────────
───────────────────────────────
───────────────────────────────

℥ The daunsers & Sensuall·
Pease syzs pease now pease syzs all
℥ Humanyte & yngnozans·
why who is that so hye doth call
℥ The daunsers·
Sylence J say be you among
foz we be dyspofyd to syng a song
℥ Humanyte & yngnozans·
Come in then boldely a mong this presens
foz here ye shall haue good audyens·

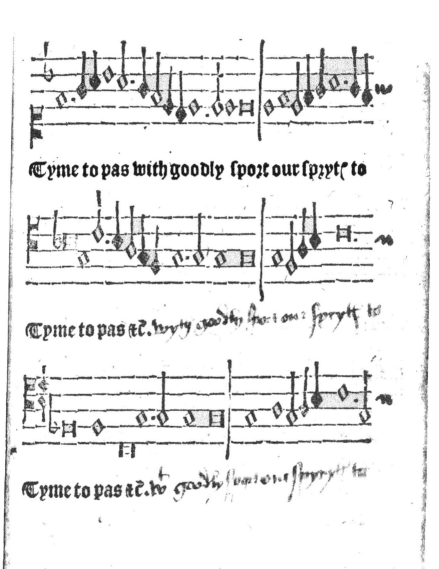

Tyme to pas with goodly sport our spryts to

Tyme to pas &c. wyty goodly sport our spryts to

Tyme to pas &c. w goodly sport our spryts to

reuyue & cōfozt to pipe to ſige to daūce to ſmile

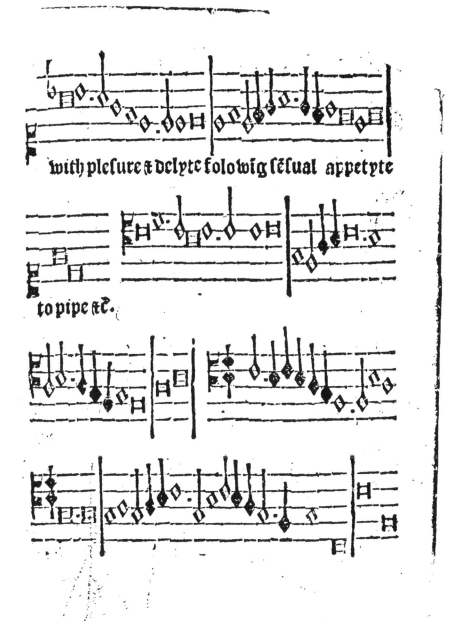

with plesure & delyte folowig sēsual appetyte

to pipe &c.

yng.   I can you thank þ is done well
It is pyte ye had not a mynstrell
For to angment your solas

Seu.   As for mynstrell it maketh no force
ye shall se me daunce a cours
without a mynstrell be it better or wors
folow all I wyll lede a trace

Hu.   Now haue a monge you by this lyght

yng.   That is well sayd be god almyght
Make rome syrs & gyt them place

¶ Than he syngyth this song & daunyth with all
And euermore maketh countenaunce accordyng
To the mater & all þ other annswer lyke wyle

¶ Daunce we / daunce we . praunce we praunce we
So merely let vs daunce ey / so merely &c
And I can daunce it gyngerly & I &c
And I can fote it by & by & I &c
And I can pranke it pperly
And I can countenaunse comely
And I can kroke it curtesly
And I can lepe it lustly
And I can torn it trymly
And I can fryske it freshly
And I can loke it lordly

yng.   I can the thanke sensuall apetyte
That is þ best daunce with out a pype

That I saw this seuen yere

Hu· This daunce wold do mych better yet
yf we had a kyt oz taberet
But alas ther is none here

Sen. Then let vs go to þ tauerne agayne
There shall we be sure of one oz twayn
Of mynstrellꝭ þ can well play

yng. Then go I pzay ye by & by
And puruey some mynstrell redy
And he & I wyll folow shoztly
As fast as euer we may

Hu. Ther with I am ryght well content

Sen. Then wyll I go in contynent
And pzepare euery thyng
That is metely to be done
And foz lacke of mynstrellꝭ þ mean scasð
Now wyll we begyn to syng

Now we wyll here begyn to syng
Foz daunce can we nomoze
Foz mynstrellꝭ here be all lackyng
To þ tauerne we wyll therfoze

¶Et exeūt cantando &c.

Hu. Now yf that sensuall appetyte cā fynd
Any good mynstrellȝ after hys mynd
Dowt not we shall haue good sport

yng. And so shall we haue for a suerte
But what shall we do now tell me
The meane whyle for our cōfort

Hu. Then let vs some lusty balet syng

yng. Nay syr by þ heuyn kyng
For me thynkyth it serupth for no thyng
All suche peuysh prykkeryd song

Hu. Pes man pryksong may not be dispysyd
For ther with god is well plesyd
Honowryd praysyd & serupd
In the churche oft tymes among

yng. Is god well pleasyd trowst thou therby
Nay nay for there is no reason why
For is it not as good to say playnly
Gyf me a spade
As gyf me a spa ve va ve va ve vade
But yf thou wylt haue a song þ is good
I haue one of robyn hode
The best that euer was made

Hu. Then a feleshyp let vs here it

yng. But there is a bordon thou must bere it
Or ellys it wyll not be

Hu.   ℧Than begyn and care nott͂ foꝛ

       ℧Downe downe downe &c.

yng. ℧Robyn hode in barnysdale stode

And lent hym tyl a mapyll thystyll

Thā cam our lady & swete saynt andꝛewe

Slepyst thou wakyst thou geffrey coke

℧A.C. wynter the water was depe

I can not tell you how bꝛode

He toke a gose nek in his hande

And ouer the water he went

℧He start vp to a thystell top

And cut hym downe a holyn clobe

He stroke þ wꝛen betwene the hoꝛnys

℧That fyꝛe spꝛange out of the pyggs tayle

℧Iak boy is thy bowe I bꝛoke

Oꝛ hath any mā done þ wꝛyguldy wꝛage

He plukkyd musċyllys out of a wyllowe

And put them in to his sachell

℧wylkyn was an archer good

And well coude handell a spade

He toke his bend bowe in his hand

And set hym downe by thē fyꝛe

℧He toke with hym. ix. bowes and ten

A pese of befe a nother of baken

Of all the byꝛdes in mery englond

So merely pypys the mery botell

¶ Nature.

¶ Well Humanyte now I see playnly
That thou hast vsyd muche foly
The whyle I haue ben absent

Hu. ¶ Syr I trust I haue done nothynge
That shold be contrary to your pleasynge
Nor neuer was myne intent
¶ For I haue folowed the counsell clere
As ye me bad of studyouse desire
And for necessyte a monge
Somtyme sensuall appetyte counsell
For without hym ye knowe ryght well
My lyfe can not endure longe

¶ Nature.

¶ Though it be for the full necessary
For thy cōfort somtyme to satysfy
Thy sensuall appetyte
yet it is not conuenyent for the
To put therin thy felycyte
And all thy hole delyte
¶ For if thou wylt lerne no sciens
Nother by study nor experiens
I shall the neuer auaunce
But in the worlde thou shalt dure than
Dyspysed of euery wyse man
Lyke this rude best ygnoraunce

ND - #0135 - 200223 - C0 - 229/152/7 [9] - CB - 9780260858818 - Gloss Lamination